INDICATION

GÉNÉRALE

DES GROTTES

DU DÉPARTEMENT

DE LA DORDOGNE,

PAR

M. L'ABBÉ AUDIERNE,

Chevalier des ordres de la Légion-d'Honneur et de l'Éperon-d'Or, Inspecteur des monuments historiques du département de la Dordogne, correspondant de Son Exc. le ministre d'État, membre des comités historiques, de plusieurs sociétés savantes, etc.

Prix 1 Franc

à Paris

chez Dumoulin libraire

quai des Augustins 13.

PÉRIGUEUX

IMPRIMERIE DUPONT ET Cᵉ, RUE TAILLEFER

1864

INDICATION

GÉNÉRALE

DES GROTTES

DU DÉPARTEMENT

DE LA DORDOGNE,

PAR

M. l'Abbé AUDIERNE,

Chevalier des ordres de la Légion-d'Honneur et de l'Éperon-d'Or, Inspecteur des monuments historiques du département de la Dordogne, correspondant de Son Exc. le ministre d'État, membre des comités historiques, de plusieurs sociétés savantes, etc.

Je signale aux naturalistes, géologues, paléontologistes et archéologues, les principales grottes du Périgord.

Le sol du département de la Dordogne, appartenant en très grande partie aux formations du calcaire jurassique et dur, calcaire crayeux, renferme un très grand nombre de grottes. Il en existe dans tous les arrondissements, dans toutes les situations, et leur étendue varie depuis la capacité d'une simple caverne où peu d'hommes pourraient se mettre à l'abri, jusqu'à celles dont l'étendue exige plusieurs heures pour être parcourues.

Les unes ont été habitées, à des époques qui se perdent dans la nuit des temps, par des hommes primitifs qui, ne sachant ni bâtir, ni construire et ignorant l'emploi des métaux, s'y logeaient pour se mettre à l'abri des intempéries de l'air et de la rigueur des saisons. Plus tard, elles servirent momentanément de retraite à des proscrits pendant la fureur des guerres civiles et religieuses. D'autres fois plusieurs furent envahies par des faux-monnayeurs ou autres malfaiteurs poursuivis par la justice. Si d'abord elles servirent d'habitation aux premiers occupants de cette contrée que nous nommons aujourd'hui le Périgord, il est certain que dans la suite elles devinrent quelquefois l'asile de la misère, un refuge contre les persécutions ou un repaire de brigands.

Les grottes qui ont été habitées par les hommes primitifs ont conservé presque toujours des traces de leur séjour, et les autres portent aussi l'empreinte d'un travail humain ; ce sont des détroits élargis, des parois dressées, des feuillures de portes ou de fenêtres, la place des gonds et enfin tout ce qui annonce quelque séjour, quelque établissement.

M. Jouannet avait cru reconnaître dans la grotte du Pey-de-Lazé, commune de Lacaneda, arrondissement de Sarlat, les traces incontestables d'une manufacture d'armes et d'outils de silex en activité à une époque bien reculée sans doute, puisque le fer devait être alors inconnu. A ses yeux, cette multitude de silex brisés, et cette infinité de traits et de dards ébauchés qu'on y

trouvait caractérisaient un atelier. Mais alors on révo-
qua en doute l'existence de cet antique établissement
de l'âge de la pierre et on alla même jusqu'à sourire à
la vue de ces barbares produits qu'on croyait fabri-
qués pour tromper l'archéologue. Ce fait, signalé par
M. Jouannet, se montre dans toute son évidence à la
grotte de Goursac, commune de Beauregard, au lieu de
Badegoule, sur le bord de la route de Lyon à Bordeaux, à
70 mètres au-dessus de la vallée et dans laquelle, ainsi
qu'aux environs, on trouve une espèce d'agrégat com-
posé de fragments de silex, de dards ébauchés, d'ossements brûlés et de terre noire, le tout assez dur et assez
solide pour exiger l'effort du pic et du coin pour être
entamé; et, chose singulière! c'est qu'ayant étudié ce
point à plusieurs reprises, je n'ai pu y découvrir un
atôme de charbon végétal, tout ce qui est noir, est un
charbon animal. La grotte de Lacombe-Granal offre
les mêmes particularités, et l'on ne peut s'empêcher de
convenir que ces grottes servirent à la fois d'ateliers et
d'habitations par la quantité prodigieuse d'ossements
d'animaux domestiques naturels ou calcaires qu'on y
rencontre. On se perd en conjectures sur ce singulier
amalgame de silex, d'ossements et de charbon et sur
les moyens que ces industriels de l'âge de la pierre, em-
ployaient alors pour tailler les traits, les dards, les
haches de silex et pour les polir. Tout porte à croire
que l'adresse et la patience étaient les seuls moyens
employés, et cette conjecture se change en certitude
par l'examen de ces armes, de ces outils que nous
avons réunis en grand nombre, car on peut y suivre

de l'œil tous les degrés de cette fabrication depuis les premiers coups de l'ébauche jusqu'au parfait poli qui se donnait au moyen d'un frottement long et soutenu sur des masses de grès creusés en sillons, et dont nous avons retrouvé des restes.

Malgré tout l'intérêt qui se rattache aux grottes considérées sous ce point de vue, il ne faut pas croire cependant qu'elles ont été toutes habitées par des hommes de l'âge de la pierre, que je nomme troglodites, ou converties en ateliers; la plupart, au contraire, n'ont jamais servi que de retraite aux animaux qui sont venus y mourir, soit à une époque géologique antérieure aux âges historiques, soit à une période qui se joint aux temps actuels, car tous les grands animaux se cachent toujours pour mourir, et l'on peut dire, en général, qu'on ne rencontre jamais sur terre aucun animal sauvage et vertébré mort de vieillesse, et voilà probablement pourquoi l'on trouve maintenant dans le sol antique de toutes les grottes des amas immenses d'ossements d'animaux, dont les uns sont tout-à-fait disparus de l'Europe, et dont les autres sont exactement semblables à ceux qui vivent encore parmi nous. Ces ossements, qui ne sont pas tout-à-fait fossiles et qu'il ne faut pas néanmoins confondre avec les ossements simplement morts, se trouvent souvent cachés seulement à quelques centimètres au-dessous du sol actuel. On les voit parfois incrustés et collés ensemble par ce même calcaire albâtre qui a donné naissance aux stalactites, aux stalagmites et à toutes les incrustations imitatives qui sont partout les mêmes, qui n'ont jamais rien de particulier, mais qui font néanmoins l'admiration des gens du monde.

Parmi les ossements trouvés dans les grottes du Périgord, on cite ceux d'une espèce d'ours plus grands que ceux qui vivent aujourd'hui dans les Alpes et les Pyrénées, ceux d'un très grand cerf, ceux d'hyènes et de rennes réunis pêle et mêle à des os de cheval, de bœufs, de moutons, d'oiseaux, de lapins, de fouines, etc., etc.

Les ossements de rennes ont été récemment découverts et signalés par MM. Lartet et Christy dans les cavernes des Eyzies, explorées par ces savants paléontologistes, après la publication de ma brochure *sur l'Origine et l'Enfance des Arts en Périgord, ou sur l'Age de la Pierre dans cette Province, avant la découverte des métaux.*

L'on trouve dans l'arrondissement de Nontron moins de grottes que dans les autres, parce qu'il n'y en a jamais dans les terrains granitiques. Cependant on en cite dans la commune de Villars, et l'on trouve dans celle de Larochebeaucourt, une chambre taillée dans le rocher d'Argentines, sur le sol de laquelle on a creusé des silos qui ont la forme d'une bouteille dont le goulot aurait été enlevé. On voit ici que l'art y est pour beaucoup, et ces grottes sont creusées dans la partie calcaire de l'arrondissement.

Dans l'arrondissement de Périgueux, on cite les grottes de Chancelade, de Bourdeilles, de Brantôme, décorées et taillées dans la craie; celle d'Agonac, dont l'air éteint les lumières; celle de Lisle, nommée Larochelle; celles de Bassillac, agrandies de main d'homme et qui servirent, dit-on, de retraite aux Normands; celles de Saint-Laurent-du-Manoire, d'Eyliac, d'Excideuil, de Coulaures, de Cubjac, de Sorges, où se trouve aussi, sur une butte, une brèche osseuse; enfin, les grottes de Cendrieux, du Salon, d'Ajat, qui a, dit-on, 200 mètres de long, et d'Azerat, qui contient des blocs d'albâtre.

Dans l'arrondissement de Bergerac, qui est aussi entièrement calcaire, on trouve la grotte du Gué de la Roque, dans la commune de Lamonzie-Montastruc; celles de Queyssac et de Mouleydier, qui ont été habitées et où l'on voit encore les traces de la main de l'homme; celles de Trémolat, de Cadouin, au lieu dit Ferrand; celle de Cussac, appelée de Valadès, d'environ 100 mètres de longueur sur 4 ou 5 de largeur et trois de hauteur. Vers le milieu, on voit une espèce de dôme de stalactites d'un très bel effet. A l'extrémité, l'on remarque une colonne formée de colonilles toutes réunies par la base et surmontée d'un chapiteau, séparé de la voûte de six centimètres seulement. Celles de

Saint-Aubin de Cahuzac, dans lesquelles on a trouvé des clefs et des monnaies de Henri III ; à Fonroque, une grotte dont s'échappe une fontaine ; enfin , les grottes de Couse, de Faux, de Montaut, du Fleix, de St-Avit-Larivière, de Villamblard, de Douville et d'Issae.

L'arrondissement de Ribérac possède aussi plusieurs grottes. A Saint-Apre, il en est une qui contient des ossements. Celle de Beauronne, qui servit , dit-on, d'asile à quelques faux-monnayeurs ; à Vallereuil, des prisons souterraines très curieuses que je signalai en 1845, à l'époque de leur découverte; à Coutures, d'où l'on a retiré des fragments de poterie; enfin, à Goût-de-Rossignol, une grotte spacieuse dont on ne peut parcourir toute l'étendue, parce que les flambeaux s'y éteignent.

Dans l'arrondissement de Sarlat, il existe également un très grand nombre de grottes; celles d'Aillac, du Bugue, près de la fameuse grotte de Miremont. Celles du Pey-de-l'Azé, de Lacaneda, de Vialard, de Monfort, de Proissans, dite de Roffy ; de Tamniers , de Vitrac ; la grotte du Moustier, commune de Plazac ; les grottes de la Gorge-d'Enfer et celle des Eyzies, commune de Tursac; celle de Tayac, de Campagne , de Savignac, de Calviac, de Veyrignac, de Saint-Cyprien, dite de Roque-Fournière, et celle de Saint-Chamassy, aujourd'hui convertie en grange. Les grottes du Coux, de Bigaroque, de Domme , dite la Combe-Granal, de Bouzic, de Florimont , de Lachapelle-Aubareil, de

Montignac, de Nadaillac, de Terrasson aux lieux
dits Jambonne ; le Roc-de-Saint-Sour, qui fut habité
par un ermite jusqu'en 1789 ; la grotte de Badegoule,
commune de Beauregard, dont nous avons déjà **parlé**
ci-dessus et que nous avons décrite avec celles **du Pey-**
de-l'Azé et de la Combe-Granal, dans notre brochure
sur l'âge de la pierre ; enfin, la grotte de Sainte-Foi-
de-Belvès et celle de Doissat, qui a été bouchée.

De toutes ces grottes, dont la plupart offrent **des**
amas d'ossements, il n'en est aucune qui soit aussi
spacieuse et qui ait été aussi parfaitement explorée **que**
celle qui, pendant long-temps, n'a été connue **dans le**
pays que sous le nom du Trou-de-Granville et qui depuis
a conservé le nom de celui qui la fit connaître le **pre-**
mier, Gonthier de Miremont.

Lorsque je la visitai en compagnie de M. Romieu,
préfet de la Dordogne ; de M. Marrot, ingénieur des
mines, et de M. Dubois, directeur de la poste, nous
mîmes sept heures à la parcourir. Cette grotte a mille
soixante-sept mètres de profondeur, depuis son entrée
jusqu'à l'extrémité de sa plus grande branche, et l'on
estime l'ensemble de ses ramifications à 4,220 mètres.
Or, en ajoutant le retour et toutes les irrégularités des
contours que l'on est forcé de suivre dans ces sortes
d'excavations, on peut estimer le tout à quatorze ou
quinze mille mètres, soit trois ou quatre lieues de poste ;
dès-lors, s'expliquent les sept heures, surtout dans de
pareilles circonstances, où le meilleur marcheur ne fait

pas sa lieue à l'heure. Les fouilles que nous y exécu-
tâmes nous firent découvrir une dent d'ours, et avant
nous M. Delanoue y avait aussi découvert des ossements d'autres animaux étrangers à notre contrée.

Les térébratules et les cordons de silex que l'on y
remarque attestent que cette vaste excavation a été
creusée dans la craie. A quelle époque ? par quel agent ?
Voilà l'énigme de toutes les grottes, et il est sage d'at-
tendre encore avant de chercher à l'expliquer. Les
grottes sont les derniers ateliers, où la nature travaille
encore en silence à la modification de la matière calcaire et à la formation de l'albâtre.

Mais, ayant attiré plus particulièrement sur nos
grottes l'attention des paléontologistes et des archéologues, par notre brochure sur l'âge de la pierre en
Périgord , nous nous bornons à constater aujour-
d'hui : 1° que plusieurs de ces grottes ont servi de
demeures primitives aux hommes de l'âge de la pierre
que nous nommons troglodites ; 2° que d'autres ont
servi aussi de retraite ou de tombeau à des animaux
qui ne vivent plus dans notre climat ou dont l'espèce
est entièrement perdue ; 3° enfin, que plusieurs de ces
grottes, par la présence des objets travaillés qu'on y
découvre mêlés à des ossements d'animaux, prouvent
la simultanéité de l'existence de l'homme avec ces mêmes animaux. Ces trois faits se trouvant acquis à la
science, reste encore à élucider le point le plus impor-
tant, à savoir : si ces hommes troglodites, si ces ani-

maux expatriés ou perdus et si ces amas d'ossements
et de silex sont oui ou non antédiluviens ; en d'autres
termes, si les silex travaillés, trouvés dans les grottes
déjà explorées et les ossements d'animaux qui leur sont
unis, appartiennent réellement à la période qui a pré-
cédé le grand cataclysme.

Nous avons déjà publié que nous pensions que les
hommes qui ont habité primitivement nos grottes et
que les animaux dont on y retrouve les ossements, n'y
étaient venus qu'après le déluge. Ce n'est pas légère-
ment que nous avons émis cette opinion ; cependant,
comme le passé est enveloppé d'épaisses ténèbres et
que ce n'est qu'en tàtonnant qu'on peut en sonder les
abîmes, nous la subordonnons aux nouvelles études
qui nous porteraient plus tard à la modifier.

Périgueux, Dupont et C. Jn 64.